AF440432

MOREAU

GÉNÉRAL EN CHEF DES ARMÉES DE LA RÉPUBLIQUE

PAR

ÉMILE LAMBIN

Membre du Comité de la Société des travaux littéraires,
scientifiques et artistiques.

> Quel peuple ennemi de la
> France n'a pas ressenti les
> effets de sa valeur, et quel
> endroit de nos frontières n'a
> pas servi de théâtre à sa
> gloire?
>
> (FLÉCHIER, *Oraison funè-
> bre de Turenne.*)

PARIS

AUG. LEFRANÇOIS, LIBRAIRE-ÉDITEUR

17, Boulevard des Filles-du-Calvaire, 17

—

1869

MOREAU

GÉNÉRAL EN CHEF DES ARMÉES DE LA RÉPUBLIQUE

Paris. — Typographie Rouge frères, Dunon et Fresné
rue du Four-Saint-Germain, 43.

MOREAU

GÉNÉRAL EN CHEF DES ARMÉES DE LA RÉPUBLIQUE

PAR

ÉMILE LAMBIN

Membre du Comité de la Société des travaux littéraires,
scientifiques et artistiques.

> Quel peuple ennemi de la France n'a pas ressenti les effets de sa valeur, et quel endroit de nos frontières n'a pas servi de théâtre à sa gloire?
>
> (FLÉCHIER, *Oraison funèbre de Turenne.*)

PARIS

AUG. LEFRANÇOIS, LIBRAIRE-ÉDITEUR

17, Boulevard des Filles-du-Calvaire, 17

1869

MOREAU

Raconter la vie de Moreau, c'est écrire une des
plus belles pages de notre histoire ; puissions-nous,
en entreprenant cette tâche, ne pas être trop au-
dessous de notre sujet, un des plus élevés qu'il
soit donné de traiter.

Moreau (Jean-Victor) naquit à Morlaix, en 1763.
Son père, avocat au Parlement de Rennes, le destinait au barreau, mais le jeune homme, qui, de-
puis longtemps déjà, avait senti s'éveiller en lui
le génie de la guerre, quittait les livres en 1792
et partait pour l'armée du Nord, à la tête du
1er bataillon d'Ille-et-Vilaine qui l'avait élu commandant.

L'année suivante, dans cette crise terrible qui
mit la France à deux doigts de sa perte, il conquit

les grades de général de brigade et de général de division. Ce fut à la bataille de Tourcoing que Moreau se révéla. Pichegru, alors commandant en chef de l'armée du Nord, s'était éloigné, laissant Moreau, Souham et Bonneau, livrés à eux-mêmes, lorsque Cobourg arrêta un plan auquel on donna le nom de plan de destruction et qui consistait à couper les divisionnaires, pour les écraser ensuite en détail. Mais Moreau veillait. Le premier, il reconnaît le mouvement de l'ennemi, avertit ses collègues du danger qui les menace et, s'élançant au-devant de Clerfayt, l'arrête au passage de la Lys, donnant ainsi à Souham et à Bonneau le temps d'enfoncer les Impériaux de Otto et les Anglais qui s'étaient déployés dans la plaine. Cette manœuvre improvisée fit le plus grand honneur à Moreau et montra tout ce qu'il y avait déjà de ressources dans ce général de trente ans.

Quelque temps après il entrait en Hollande avec Pichegru et prenait une part aussi active que glorieuse à la conquête de cette province.

En 1796, Moreau reçut le commandement en chef de l'armée de Rhin-et-Moselle.

Le voilà sur le Rhin, sur le théâtre des grandes manœuvres de Turenne et de Montecuculli. C'est là qu'il va faire sa première campagne, lui, dont la manière rappelle celle du vainqueur de Turckeim qu'il semble avoir pris pour modèle ; c'est là

qu'il va battre les Impériaux, sur les rives du
Renchen, non loin de Sasbach, aux lieux mêmes
où un boulet autrichien frappa le grand homme !

L'ennemi, surpris par sa brusque attaque, ne
peut lui tenir tête. Il le met en fuite à Freuden-
stadt, à Rastadt et il oblige l'archiduc Charles qui
a fait plier Jourdan et l'armée de Sambre-et-Meuse,
à se retourner contre lui. C'est en vain que le
prince, digne adversaire d'ailleurs de ce profond
stratégiste, veut s'opposer à sa marche. Il le bat à
Ettlingen, aux ponts de Canstadt et d'Eslingen, le
repousse à Neresheim et l'oblige à repasser le Danube.

L'archiduc vaincu prend une résolution hardie.

Il abandonne Moreau et tombe de nouveau sur
Jourdan. Moreau en profite pour envahir la Ba-
vière. Jourdan hors de combat, l'archiduc revient
sur Moreau et se prépare à l'accabler. Mais il est
difficile de surprendre Moreau. Avec un calme et
un sang-froid vraiment admirables, Moreau ordonne la retraite et regagne le Rhin en tenant à
distance le corps autrichien qui le suit pas à pas ;
puis, lorsque l'ennemi le serre de trop près, il
s'arrête à Biberach, fait volte-face et lui inflige
une leçon, qui lui coûte 4,000 hommes tués ou
blessés, autant de prisonniers et dix-huit pièces
de canon. Arrivé au val d'Enfer, il franchit sans
obstacle ce terrible défilé et paraît enfin dans la

vallée du Rhin au moment où on le croyait
anéanti. L'archiduc accourt, mais il est trop tard.
Moreau le heurte à Emmedingen et rentre en
France quand il veut et comme il veut par Neuf-
Brisach et Huningue, sans avoir perdu un canon !... Tel fut ce chef-d'œuvre d'habileté et de
sérénité d'esprit qui, du premier coup, plaça Moreau au rang des plus grands capitaines.

Pendant que Moreau et Jourdan opéraient en
Allemagne, Bonaparte faisait, de son côté, cette
merveilleuse campagne qui devait commencer sa
fortune militaire. Il manquait de troupes. Le Directoire lui envoya trente mille hommes qui furent
tirés de l'armée de Rhin-et-Moselle. Moreau, qui
avait prévu cette nécessité, s'était arrangé en
conséquence, et, comme son armée était dans un
complet dénûment, il avait fait les plus grands
sacrifices pour que le corps qui lui était enlevé
fût convenablement équipé et prêt à partir au
premier signal. C'est à ce sujet que Carnot prononça ces paroles antiques : « O Moreau ! ô mon
cher Fabius, que tu fus grand dans cette circonstance ! que tu fus supérieur à ces petites rivalités de généraux qui font quelquefois échouer
les meilleurs projets ! Que les uns t'accusent pour
n'avoir pas dénoncé Pichegru ; que les autres
t'accusent pour l'avoir fait, peu m'importe. Mais
mon cœur me dit que Moreau ne saurait être

coupable ; mon cœur te proclame un héros. La postérité, plus juste que tes contemporains, t'élèvera des autels. »

L'année suivante, au printemps, Moreau repassa le Rhin et livra à l'ennemi le brillant combat de Diersheim. Déjà Lecourbe, qui commandait l'avant-garde, atteignait le Renchen, lorsqu'un courrier vint apporter la nouvelle des préliminaires de Léoben. Dans une campagne de trois jours, Moreau avait fait quatre mille prisonniers et pris vingt canons.

Au coup d'État du 18 fructidor, Moreau fut disgracié. Lors du second passage du Rhin, parmi les équipages enlevés à l'ennemi, se trouvait un fourgon contenant la correspondance secrète entre Pichegru et le prince de Condé. Moreau, ne voulant pas dénoncer son ancien général, avait gardé cette correspondance ; mais plusieurs officiers généraux connaissaient cette prise, et bientôt les négociations de Pichegru et du prince ne furent plus un secret pour personne. Moreau comprit que, s'il n'informait pas le Directoire, il serai dénoncé et inutilement compromis. Il se décid enfin et écrivit à Barthélemy, homme d'un caractère doux, honnête et sur la clémence duquel o pouvait compter. Dans sa lettre il lui disait « Vous me connaissez assez pour croire combie a dû me coûter une pareille confidence. » Malheu reusement, lorsque la lettre de Moreau arriva, Barthélemy était proscrit, ainsi que Carnot. Elle tomba entre les mains des autres directeurs qui, persuadés que cette révélation tardive était de plus involontaire, retirèrent à Moreau le commandement de son armée.

La campagne de 1799 trouva Moreau dans l'état-major de Schérer. On a dit souvent que c'était dans l'adversité que se montraient les grands caractères ; cela fut vrai pour Moreau, qui supporta noblement une disgrâce non méritée et qui, dans le rang relativement inférieur où le Directoire l'avait relégué, sut rendre à son pays les plus éminents services.

Après avoir remporté la victoire de Pastringo, à laquelle son illustre lieutenant eut la plus large part, Schérer avait échoué au passage de l'Adige, plié à Magnano, repassé le Mincio et ensuite l'Adda. Le soldat, irrité de quitter les rives de l'Adige, sur lesquelles, deux années auparavant, il avait remporté de si éclatantes victoires, murmura bientôt contre le général en chef et l'accusa de ses défaites. Comprenant qu'avec une armée dont il a perdu la confiance, il ne peut résister à Souwarow qui accourt avec ses Russes, Schérer, dans cet instant critique où tout semble perdu, abandonne le commandement et le remet à Moreau. C'est alors que celui-ci accomplit peut-être l'action la plus belle de sa vie en acceptant ce commandement avec une abnégation et un patriotisme au-dessus de tout éloge. On aborda l'ennemi à Cassano. C'était la première fois que l'armée française se trouvait en présence des Russes, et on se battit avec un acharnement sans égal. Débordée par des masses épaisses qui menaçaient de l'écraser, elle plia sur tous les points. Moreau, dans ce périlleux moment, déploya cette science admirable du stratégiste qu'il possédait à un si haut degré. Avec le calme que nous lui connaissons, il rallia dans sa main ses divisions chancelantes, se porta sur le Tessin, franchit cette rivière sans accident, et se retira sous Alexandrie, contenant, par la fermeté de son attitude, les Russes qui le suivaient. Là, il s'établit fortement, et, lorsque Souwarow essaya par divers mouvements de le tirer de ses retranchements, il le regarda faire et resta impassible. Alors le général russe tenta de couper sa ligne de défense. Moreau lança contre lui Grenier et Victor, mit en pièces une colonne de 7,000 hommes et garda sa position. Les coalisés, furieux, résolurent de le tourner ; mais il était difficile de surprendre Moreau. Opérant avec son coup d'œil habituel, le grand manœuvrier se replia dans les montagnes et se posta de façon à donner la main à Macdonald, qui arrivait avec l'armée de Naples.

Cette belle retraite dans laquelle avec 20,000 hommes, Moreau tint tête à 90,000, a été admirée de tous les connaisseurs. Livré à lui-même, il avait développé toutes les ressources de son génie.

La bataille de la Trebbia, où, pendant trois jours, Macdonald lutta en désespéré contre Souwarow qui avait couru à sa rencontre, rendit inutiles les savantes dispositions de Moreau qui ne put que recueillir l'armée décimée de son collègue.

Il semblait, toutefois, que l'on dût lui laisser le commandement de cette armée d'Italie qu'il avait sauvée de la destruction. Il n'en fut rien. Le Directoire, qui lui destinait l'armée d'Allemagne, donna à Joubert le commandement de l'armée d'Italie. Joubert, un des plus beaux caractères de la Révolution, aborda Moreau comme on aborde un maître. Sans murmurer, et avec une simplicité dont l'histoire n'offre peut-être pas un pareil exemple, Moreau remit à Joubert ce commandement qu'il avait accepté au moment du danger et se disposa même à le seconder de tout son pouvoir. Tels étaient ces généraux de la République qui ne connurent jamais les basses rivalités et dont le cœur était rempli par le seul amour de la patrie !

La bataille s'engagea à Novi. Dès la première

charge, l'héroïque Joubert tombe mortellement
frappé, en s'écriant : « En avant, mes amis ! en
avant ! » Moreau alors prend sa place. Obligé de
lutter contre une armée bien supérieure en nom-
bre, il épuise, par une résistance d'une incroyable
énergie, l'effort des Autrichiens et des Russes, et,
lorsque vers le soir, après des prodiges de valeur
et de résolution, il se voit sur le point d'être en-
veloppé, toujours maître de lui-même dans les si-
tuations les plus difficiles, il abandonne le champ
de bataille et fait rentrer ses soldats dans leurs
positions du matin, après avoir perdu 10,000 hommes et en avoir tué 15,000 à l'ennemi ! C'est à la
suite de cette campagne que la France et l'Europe
entière donnèrent à Moreau le surnom de *Fabius
français*.

Un parti puissant se formait à Paris pour renverser le Directoire. On proposa à Moreau d'exé-
cuter ce projet, et on alla même jusqu'à lui offrir
la Dictature. Il refusa noblement. Toutefois Bonaparte ayant su le gagner, il coopéra au 18 Bru-
maire et garda les Directeurs prisonniers au
Luxembourg pendant que Bonaparte, à Saint-
Cloud, envahissait, avec ses grenadiers, le Conseil
des Cinq-Cents. Moreau, dans un avenir prochain,
devait regretter amèrement d'avoir apporté son
concours à cet acte illégal et violent.

L'année suivante, il reçut le commandement

de l'armée d'Allemagne. Il allait couronner par une série d'admirables opérations et par une victoire à jamais mémorable la magnifique épopée des guerres de la Révolution.

Moreau passe le Rhin le 25 avril 1800 et s'avance vers le lac de Constance. C'est Kray, un des meilleurs généraux de l'Autriche, qui commande l'armée impériale. Il veut lui disputer le passage. Le général français le bat à Engen, à Stokach, à Moëskirch, et le rejette au delà du Danube. Kray franchit le fleuve sur un autre point et se met en bataille à Biberach. Il est enfoncé au pas de course par une armée que ses victoires ont électrisée. Cependant il ne se laisse pas abattre. Lecourbe s'est séparé de Moreau, il court à lui et lui offre le combat. Mais il a affaire à un rude lutteur. Lecourbe le culbute à Memmingen. Le feld-maréchal se retire dans Ulm où il se retranche fortement. Là eut lieu entre lui et Moreau un échange de stratagèmes dignes d'être étudiés, Moreau faisant tout ce qui était en son pouvoir pour tirer son adversaire de ses retranchements, et Kray lançant des partis sur les derrières de Moreau pour arrêter sa marche, sans vouloir cependant quitter sa position. Mais c'est en vain que le général autrichien veut arrêter l'armée républicaine. Après que ses lieutenants ont battu à Kirchberg l'archiduc Ferdinand qui a tenté de déborder sa gauche, Moreau, par une grande manœuvre exécutée avec un ensemble admirable, se rabat tout à coup sur le Danube, le passe au pont de Blindheim et remporte sur l'ennemi, accouru à sa rencontre, la brillante victoire de Hochstett. Alors Kray s'avoue vaincu. Il abandonne ses retranchements d'Ulm dans lesquels il a défié Moreau, et, franchissant le fleuve à Neubourg, il revient encore une fois sur la rive droite. Course inutile ! Moreau, qui l'a deviné, a donné l'ordre à Lecourbe de repasser sur la rive que l'on vient de quitter, et le combat de Neubourg est encore fatal à l'armée autrichienne. Kray, dont l'énergie semble grandir avec les obstacles, court à Ingolstadt, et pour la troisième fois reparaît sur la rive droite du fleuve ; mais ses efforts l'ont épuisé. Trop faible pour contenir Moreau, il plie devant lui, et le général républicain, désormais libre de ses mouvements, envoie Lecourbe s'emparer des redoutes de Feldkirch.

L'armistice de Parsdorf suspendit un instant les mouvements des deux adversaires. Le grand capitaine se préparait à terminer par un coup d'éclat le drame militaire qui tenait l'Europe en suspens.

A la rupture de la trêve, l'armée impériale, qui s'est réorganisée, s'avance conduite par l'archiduc Jean. Moreau, qui a réuni une partie de ses forces aux environs de Munich, s'ébranle à son tour et marche à sa rencontre. Bientôt les premières divisions françaises se heurtent contre la masse ennemie ; ne pouvant soutenir le choc, elles s'arrêtent et fléchissent. Moreau, qui n'a pas sous la main toutes ses divisions et qui sent la nécessité de se concentrer, ordonne alors la retraite. Mais Moreau, comme Turenne, son maître, n'est jamais plus terrible que lorsqu'il recule. Il fait halte à Hohenlinden, poste Ney et Grandjean au débouché de la forêt qui précède le village, et commande à Decaen et à Richepanse de tourner les bois.

Malgré le mauvais état des chemins et la neige qui tombe à gros flocons, car on est au 3 décembre, 40,000 Autrichiens avec le grand parc d'artillerie et les bagages s'engagent dans la forêt et suivent le défilé qui conduit à Hohenlinden. Ne pouvant soutenir le poids de cette formidable colonne, Grandjean, qui garde l'extrémité du défilé, faiblit et chancelle. Ney accourt et, avec son impétuosité ordinaire, rétablit le combat. A ce moment le canon retentit au milieu de la forêt. Moreau tressaille, son front rayonne, c'est Richepanse qui prend l'ennemi à revers, c'est la victoire qui vient à nous ! De suite il ordonne à Ney de se ruer de nouveau sur la tête de colonne. Ney s'élance sur les bataillons autrichiens et les fait refluer. Chargée en tête et

en queue, fusillée à bout portant, coupée, brisée,
hachée, la masse ennemie tourbillonne un instant
sur elle-même et s'affaisse pour livrer passage aux
soldats de Ney et de Richepanse qui se rejoignent
sur ses débris sanglants. Cent pièces de canon et
dix mille prisonniers tombent aux mains des
vainqueurs. « Mes amis, s'écrie Moreau, que ses
lieutenants entourent et félicitent, nous venons
de conquérir la paix. » En effet, quelques jours
après ce beau triomphe, il menaçait Vienne et
forçait le cabinet autrichien à demander la paix.

Nous sommes en 1804. Trois années venaient
de s'écouler et, pendant ces trois années, Bonaparte
avait franchi les degrés qui devaient le conduire à
l'Empire. Encore quelques mois et il allait ceindre
la couronne impériale. Moreau, trop grand par
lui-même pour consentir à être un des satellites
de l'astre nouveau, s'était éloigné du premier
Consul. Retiré dans sa terre de Grosbois, à peu
de distance de Paris, il se trouvait, lui le personnage le plus considérable de la République après
celui qui gouvernait l'État, le chef d'une opposition frondeuse dont les traits acérés venaient
frapper jusqu'aux Tuileries. Les républicains
groupés autour de lui, entrevoyant clairement le
rétablissement de la monarchie, lui disaient :
« Sauvez la liberté ! »

Si l'hostilité de Moreau était le résultat de la

jalousie que lui inspirait l'élévation si rapide de
son collègue; si cette hostilité avait encore pour
cause l'ambition de sa jeune femme et de son en-
tourage qui l'excitaient contre Bonaparte en lui
disant que ce dernier occupait la place que lui,
Moreau, devait occuper, il n'en est pas moins vrai
aussi que la position du général était fort délicate.
Il était dur pour le vainqueur de Hohenlinden de
devenir le lieutenant du vainqueur de Marengo !
Moreau qui avait risqué sa gloire sur les champs
de bataille pour sauver nos armées compromises,
ne voulut pas s'incliner devant un rival heureux.
Et qu'il eût été grand, cependant, s'il eût fait ce
dernier sacrifice à son pays !

Il était dans ces dispositions d'esprit lorsque se
forma à Londres la conspiration de Cadoudal et de
Pichegru. Il s'agissait d'attaquer le premier Consul et son escorte sur un grand chemin, de le tuer
et de rétablir les Bourbons. Mais, pour faire accep-
ter les Bourbons, une fois le coup fait, il fallait
avoir l'assentiment de l'armée en ce moment toute-
puissante dans l'Etat. On résolut de s'adresser à
Moreau. Le général gagné, l'armée viendrait
après. Des ouvertures lui furent faites. Sans se
prononcer d'une façon définitive, il les accueillit
avec complaisance et bientôt Pichegru arrivait
clandestinement à Paris où Georges Cadoudal se
tenait caché avec une troupe de chouans. Trois

entrevues eurent lieu et à la première parut Cadoudal. On ne parla pas, il est vrai, de tuer Bonaparte, mais cet acte criminel était évidemment
sous-entendu. N'était-il pas, en effet, le premier à
accomplir pour atteindre le but auquel on ten-
dait? Cependant les deux généraux ne parvinrent
pas à s'entendre. Moreau voulait bien le renverse-
ment du gouvernement consulaire, mais à condi-
tion qu'il aurait la dictature. Quant aux Bourbons, il n'en voulait pas. Pichegru qui était d'une
opinion diamétralement opposée, se retira fort
mécontent et les chefs du complot commencèrent
à comprendre qu'en s'adressant à Moreau, ils
avaient fait fausse route. Malheureusement pour
eux, il était trop tard. Déjà la police mise sur
leurs traces arrêtait deux conspirateurs qui fai-
saient des aveux et donnaient les noms de leurs
complices.

Grande fut la surprise du premier Consul, lorsqu'il apprit que Moreau était mêlé à cette affaire. Toutefois il n'hésita pas, et le 15 février, le
général de l'armée du Rhin, revenant de Grosbois, était arrêté au pont de Charenton et conduit
au Temple où furent amenés ensuite Pichegru et
Cadoudal. On connaît la fin du premier.

Nous ne pouvons entrer ici dans les détails de
ce procès; nous le résumerons en peu de lignes.
Disons d'abord qu'il passionna l'opinion. Moreau

jouissait dans l'armée d'une immense popularité,
et plusieurs généraux, parmi lesquels on comptait
Masséna, Lecourbe et Macdonald, se déclarèrent
pour lui. Il avait été transféré du Temple à la Con-
ciergerie, et on vit, dit-on, les soldats qui le gar-
daient lui tendre leurs armes, comme pour lui
dire qu'il n'avait qu'à commander et qu'ils lui
obéiraient ! Dans le public, l'intérêt qu'il inspirait n'était pas moins grand. Tous ceux qui re-
grettaient la République, qui venait de périr pour
faire place à l'Empire, voyaient en Moreau le re-
présentant du régime tombé et se plaisaient à
l'entourer d'hommages.

L'ouverture des débats eut lieu le 28 mai. Une
foule immense encombrait le Palais-de-Justice et
ses abords, foule profondément émue qui faisait
hautement des vœux pour le grand homme que
l'on allait juger. Au moment où Moreau sortit de
sa prison pour aller au Tribunal, le poste prit les
armes et lui rendit les honneurs militaires ; lorsqu'il entra dans le prétoire, il fut salué par de vifs
applaudissements. Ce fut au milieu de ces témoi-
gnages de sympathie qu'il prit place au banc des
accusés.

Interrogé touchant ses entrevues avec Pichegru, Moreau reconnut avoir vu ce général, mais
dans le but unique de serrer la main à un ancien
compagnon d'armes, et de s'entendre avec lui

pour lui faciliter, dans la mesure de son pouvoir,
sa rentrée légale en France. Interrogé ensuite
touchant sa complicité dans la conspiration, il répondit qu'on lui avait parlé de renverser le gouvernement consulaire, mais qu'il avait repoussé
toute proposition à cet égard. Le président lui
ayant dit qu'il avait, il est vrai, refusé de conspirer pour les Bourbons, mais qu'il aurait écouté
les propositions de Georges et de Pichegru,
si ces derniers eussent consenti à lui remet-
tre la dictature, il répondit qu'il eût été ridicule
de sa part d'espérer le concours des royalistes
pour obtenir la dictature; qu'il avait fait dix ans
la guerre et qu'il n'avait jamais fait de choses
ridicules. Cette réponse fut couverte d'applaudissements.

Il prononça ensuite un discours plein de dignité
et d'élévation. Ce discours, qui résumait sa vie,
fit sur l'auditoire une impression profonde. En
voici quelques fragments :

« J'avançai assez rapidement, mais toujours de
grade en grade, et sans jamais en franchir aucun ;
toujours en servant la patrie, jamais en flattant
les comités. Parvenu au commandement en chef,
lorsque la victoire nous faisait avancer au milieu
des nations ennemies, je ne m'appliquai pas moins
à leur faire respecter le caractère du peuple
français qu'à leur faire redouter ses armes. La

guerre, sous mes ordres, ne fut un fléau que sur les champs de bataille. Du milieu même de leurs campagnes ravagées, plus d'une fois les nations et les puissances ennemies m'ont rendu ce témoignage. Cette conduite, je la croyais aussi propre que nos victoires à faire des conquêtes à la France. . . . .

« J'ose croire que la nation n'a pas oublié combien je m'en montrai digne ; elle n'a point oublié avec quel dévouement facile on me vit combattre en Italie dans des postes subordonnés ; elle n'a point oublié comment je fus reporté au commandement en chef par les revers de nos armées, et renommé général en quelque sorte par nos malheurs ; elle se souvient, comment deux fois, je recomposai l'armée des débris de celles qui avaient été dispersées, et comment, après l'avoir remise deux fois en état de tenir tête aux Russes et à l'Autriche, j'en déposai deux fois le commandement pour aller en prendre un d'une plus grande importance.....

« Au retour de tant de succès, dont le plus grand de tous était d'avoir assuré, d'une manière efficace, la paix du continent, le soldat entendait les cris éclatants de la reconnaissance nationale.

« Quel moment pour conspirer, si un tel dessein avait pu jamais entrer dans mon âme ! On connaît le dévouement des armées pour les chefs qu'elles aiment et qui viennent de les faire marcher de victoire en victoire ; un ambitieux, un conspirateur, aurait-il laissé échapper l'occasion où, à la tête d'une armée de cent mille hommes tant de fois triomphante, il rentrait au milieu d'une nation encore agitée, et toujours inquiète pour ses principes et pour leur durée ?

« Je ne songeai qu'à licencier l'armée, et je rentrai dans le repos de la vie civile. . . . . .

« Magistrats, je n'ai plus rien à vous dire : tel a été mon caractère, telle a été ma vie entière. Je proteste, à la face du ciel et des hommes, de l'innocence et de l'intégrité de ma conduite. Vous savez vos devoirs, la France vous écoute, l'Europe vous contemple et la postérité vous attend. »

Les débats étant clos, les juges se retirèrent dans la chambre du Conseil : De l'ensemble des faits, il résultait que si la complicité matérielle ne pouvait être établie, la complicité morale ne pouvait, non plus, malgré l'habileté et la noblesse de la défense, être niée. Une circonstance fort grave venait surtout à la charge de Moreau, c'était la présence de Georges Cadoudal à la première entrevue des deux généraux. Cette présence du chef des conspirateurs n'était-elle pas, à elle seule, une preuve évidente que l'on avait conspiré ? Les avis étaient partagés. Thuriot, rapporteur, qui occupait le siége du ministère public, demanda que le général fût condamné à mort, promettant, au nom du gouvernement, qu'on lui ferait grâce. « Et qui nous fera grâce à nous ? » s'écria un des juges, le célèbre Clavier... Après une longue délibération, les juges rentrèrent dans la salle d'audience et prononcèrent le jugement qui condamnait Moreau à deux ans d'emprisonnement. L'auditoire respira, le général était sauvé.

Quelques jours après, Moreau, auquel on avait fait remise de ses deux ans de prison, quittait la France et partait pour les États-Unis, emportant dans les déserts du nouveau monde, avec le souvenir de sa gloire, l'espérance de revoir, un jour, la patrie pour laquelle il avait si vaillamment combattu.

Le 27 août 1813, au matin, un épais brouillard couvrait la pleine de Dresde, où étaient rangées en bataille l'armée française, adossée à la ville, et l'armée alliée, appuyée aux derniers contre-forts des montagnes de Bohême.

D'un côté, à droite, Victor, avec plusieurs divisions d'infanterie, et Murat avec la grosse cavalerie de Latour-Maubourg, au centre, Marmont, avec la vieille garde protégée par une nombreuse artillerie que dirigeait Napoléon en personne : à gauche, Gouvion-Saint-Cyr, avec trois divisions ;

et à côté de lui, terminant la ligne, Ney avec la jeune garde et la cavalerie de Nansouty.

En face, devant Ney, Wittgenstein avec les Russes ; ensuite, opposée à Saint-Cyr, Kleist avec les Prussiens ; au centre, vis-à-vis de Marmont et de Napoléon, Colloredo avec une partie des forces autrichiennes ; à gauche, près du vallon de Plauen, les grenadiers autrichiens de Bianchi ; enfin, au delà du vallon, les corps de Giulay et de Lichtenstein.

Les deux armées, qui ne demandaient qu'à combattre, attendaient avec impatience que la pluie, qui tombait à flots, eût dissipé le brouillard qui les dérobait l'une à l'autre.

L'empereur Alexandre, entouré d'un brillant état-major, se tenait sur la hauteur de Racknitz, derrière le corps de Colloredo, au centre des alliés. Parmi les officiers qui l'entouraient, on remarquait un cavalier pour lequel il paraissait avoir la plus grande déférence.

Lorsque ce cavalier prenait la parole, l'Empereur écoutait et l'état-major faisait silence. Eh bien ! cet homme, que sa mauvaise fortune avait jeté au milieu des coalisés, cet homme qui, en face des bataillons français, aidait de ses conseils les ennemis de la France, cet homme, c'était Moreau.

Après avoir vécu pendant huit ans sur les bords

de la Delaware, rêvant au passé et questionnant
l'avenir, un jour il avait appris que son rival
de gloire s'était élancé avec son armée cent fois
victorieuse dans les steppes glacées de la Russie
et en était revenu presque seul, frappé par un immense désastre. Alors il s'était dit : « L'empereur
de Russie a en son pouvoir cent mille prisonniers
français. J'irai le trouver et je lui demanderai de
faire appel à ces soldats captifs par la folle ambition de leur chef. Quarante mille au moins écou-
teront ma voix. Je les armerai, et, muni d'un traité
de paix signé des souverains alliés qui reconnaî-
tront à la France ses limites du Rhin et des Al-
pes, je descendrai avec cette armée sur les côtes
de Picardie, je marcherai sur Paris, je renverserai
l'Empire et l'Empereur, et je rendrai la liberté à
mon pays. » Et, plein de cette pensée, il était
monté sur l'*Annibal*, avait traversé les mers et
était venu vers Alexandre.

Mais son espérance ne s'était point réalisée ; on
avait refusé d'armer les prisonniers français.
Toutefois, accueilli avec honneur et respect par
Alexandre, il avait cédé à ses instances et était
resté auprès de lui à titre d'ami privé, ne servant
pas officiellement contre la France, mais aidant de
ses conseils ceux qui la combattaient en essayant
de se persuader à lui-même que faire la guerre à
Napoléon n'était pas faire la guerre à la patrie ! Et

c'est ainsi que, le jour de la bataille de Dresde, il était sur le champ du combat à côté de l'empereur de Russie.

Lorsque le brouillard fut tombé, le feu commença. A gauche, Ney fit reculer les Russes, et Gouvion-Saint-Cyr eut avec les Prussiens un engagement des plus vifs. A droite, Victor escalada les hauteurs de Plauën et aborda les Autrichiens avec la plus grande vigueur. Ils se défendirent bravement. Mais Murat, bondissant sur la colline avec sa grosse cavalerie, se jeta sur eux comme un ouragan et les mit en pièces.

Pendant que ces événements se passaient aux ailes, le centre des deux armées avait engagé un duel au canon. Napoléon se tenait devant Marmont, excitant le feu de ses batteries, qu'il dirigeait lui-même. L'empereur de Russie et Moreau, sur les hauteurs de Racknitz, où nous les avons laissés, observaient la bataille. Notre feu redoublait d'intensité et les projectiles commençaient à tomber près de l'état-major allié. Moreau fit observer à l'empereur qu'il y avait danger à rester dans cet endroit. Son avis fut écouté, et on fit quelques pas en arrière. A peine avait-on pris la nouvelle position, qu'un boulet, parti de nos batteries, frappa Moreau au genou droit, qu'il fracassa, traversa son cheval et lui emporta le mollet de la jambe gauche. Le cheval s'affaissa, et Moreau

roula à terre. Alexandre courut vers le blessé et
le prit dans ses bras. On fit un brancard avec des
piques de Cosaques, et on le porta dans une cabane
à peu de distance du champ de bataille; puis,
quelques instants après, lorsque l'armée alliée fut
refoulée par les Français vers les montagnes de la
Bohême, le malheureux blessé dut suivre, dans
l'état où il était, ce mouvement de retraite. Aussi
calme sur son lit de douleurs qu'au milieu des
combats, il supporta, sans jeter un cri, les horri-
bles souffrances d'une double amputation. Mais, à
partir de ce moment, et au fur et à mesure que la
vie lui échappait, deux pensées pleines d'amer-
tume envahirent son âme. L'une était celle de
mourir en laissant son rival victorieux et encore
assez puissant pour relever sa fortune. « Ce Bonaparte a toujours été heureux! » avait-il dit au
moment où le boulet l'avait renversé, et il répétait souvent cette parole. L'autre, qui dominait
peut-être la première, était celle de mourir dans
les rangs des ennemis de sa patrie. C'est en vain
que l'empereur de Russie, le roi de Prusse, et
tous les chefs de la coalition s'empressaient autour de lui. Il restait froid devant cet empresse-
ment, et il répétait sans cesse, comme pour se
justifier lui-même : « Et pourtant je ne suis pas
coupable; je ne voulais que le bien de ma patrie!
Je voulais l'arracher à un joug humiliant!... »

Ah! c'est qu'en cet instant suprême les sophismes tombaient, et son âme, qu'éclairaient déjà les lueurs de l'autre vie, comprenait que rien ne peut autoriser la guerre faite à la patrie. Dans cette fièvre qui précède la mort, ne voyait-il pas, comme Épaminondas mourant, apparaître ses victoires ? Et ces victoires elle-mêmes : Rastadt, Ettlingen, Neresheim, Biberach, Engen, Stokach, Moëskirch, Hochstett, Hohenlinden, n'étaient-elles pas là, comme des filles désolées, entourant son lit et pleurant sa faute ? Si cette faute fut grande, l'expiation en fut bien cruelle, et, par elle, Moreau a mérité le pardon que l'histoire et la postérité lui ont déjà donné. Il expira à Laun, le 2 septembre 1813, six jours après avoir été frappé.

Comme homme, Moreau possédait les qualités les plus précieuses. Il avait cette simplicité qui est le cachet de la vraie grandeur, et cette simplicité se révélait dans les choses les plus ordinaires de son existence. Il disait « qu'un militaire doit savoir se passer de tout et n'être jamais découragé par les privations. » Sa bonté n'avait pas de limites et semblait même gagner ceux qui l'entouraient. Auprès de lui aucune jalousie, aucune rivalité, et on cite comme une des plus belles choses que l'on ait vues à la guerre, le parfait accord et la franche cordialité qui régnaient parmi les généraux de l'armée du Rhin.

Il arriva parfois que l'un d'eux brusquait une attaque, sûr qu'il était d'être soutenu par son collègue. Aussi, on aimait Moreau. Lorsqu'il comparut devant le Tribunal, on vit de vieux soldats qui avaient servi sous ses ordres verser des larmes à la pensée que la vie de leur général était en péril !

Comme militaire, Moreau descend en ligne directe de Turenne, et on peut dire qu'il fut son plus illustre élève. Génie studieux et méthodique, mais alliant aux combinaisons les plus profondes une sûreté de coup d'œil admirable et une activité que rien ne pouvait lasser, il fut vraiment un grand capitaine dans la plus haute acception de ce mot. Nous avons vu cette tranquillité d'âme que rien ne pouvait troubler, cette entière possession de soi-même dans les ardeurs du combat et dans les circonstances les plus périlleuses. Eh bien ! qui oserait dire que l'homme orné de pareils dons, doué d'une pareille force et ayant fait de si grandes choses, n'est pas une des plus belles gloires de la France ?

Un dernier mot en finissant.

On a beaucoup écrit et parlé sur ceux qu'on appelle les traîtres : le connétable de Bourbon, Henri de Montmorency, Dumouriez, Pichegru, Moreau.

Il est incontestable que, en théorie, le principe

de la fidélité à la patrie est absolu et que le fait
de tirer l'épée contre son pays est un acte coupable au premier chef. Ceci est une vérité pri-
mordiale affirmée par la conscience et la raison.

Maintenant, faut-il appliquer, dans la pratique,
le rigorisme de la théorie, et refuser le pardon à
ceux qui ont appelé ou servi l'étranger ? Après
avoir longtemps médité sur cette question, nous
sommes arrivé à répondre : Non. Pourquoi ? C'est
parce que, si on appliquait, dans la pratique des
choses humaines, l'inflexibilité du raisonnement,
on arriverait à être sans pitié, et qu'il n'est pas
permis à l'homme de se montrer inexorable. Si la
trahison envers la patrie est condamnée par la
conscience et la raison, la conscience et la raison
admettent cependant ce qu'on appelle, en droit,
les circonstances atténuantes, qui sont, pour
l'acte dont nous parlons, un égarement d'esprit
produit par une passion tyrannique et certaines
défaillances auxquelles ne peuvent parfois résister
les âmes les mieux trempées. Pourquoi Bourbon
a-t-il porté les armes contre son pays? parce
qu'il voulait se venger de l'injuste confiscation de
ses biens. Pourquoi Montmorency a-t-il conspiré ?
parce qu'il détestait Richelieu. Pourquoi Dumouriez est-il passé à l'ennemi ? parce qu'il voyait sa
tête menacée par la Convention. Pourquoi Pichegru a-t-il écouté les propositions du prince de

Condé? parce que, si son esprit était élevé, son âme manquait d'énergie. Enfin, pourquoi Moreau est-il mort dans les rangs étrangers? parce qu'il détestait Napoléon. Si on refuse le bénéfice des circonstances atténuantes à Bourbon, à Montmorency, à Dumouriez, à Pichegru et à Moreau, il faut les refuser à Turenne, à Condé et à Luxembourg, car, eux aussi, ils ont appelé l'étranger et servi l'Espagne contre la France. Mais qui donc oserait élever la voix pour tenter de flétrir ces héros! Une fois rentrés dans le devoir, ne sont-ils pas devenus les plus fermes soutiens de la France! Et que n'aurait pas fait Moreau, s'il lui eût été donné de revoir sa patrie, et de reprendre le commandement de ces armées qui n'avaient pas oublié son nom! Soyons donc justes et équitables pour les uns comme pour les autres, et respectons-nous nous-mêmes, en respectant nos grands hommes.

Paris. — Typographie Rouge frères, Dunon et Fresné
rue du Four-Saint Germain, 43.

9 782011 790545